0

null

zero

10

zehn

zece

AF375056

20

zwanzig

douăzeci

30

dreißig

treizeci

40

vierzig

patruzeci

50

fünfzig

cincizeci

60

sechzig

șaizeci

70

siebzig

șaptezeci

80
achtzig

optzeci

90
neunzig

nouăzeci

100
einhundert

o sută

1000
eintausend

o mie

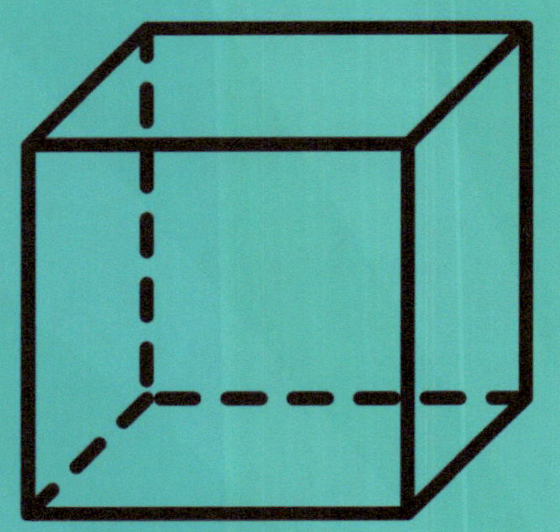

Würfel

cub

Spielbaustein

bloc

Eiswürfel

cub de gheață

Karamell

caramel

Zucker

zahăr

Würfel

zaruri

Geschenkbox

cutie de cadou

Pappkarton

cutie de carton

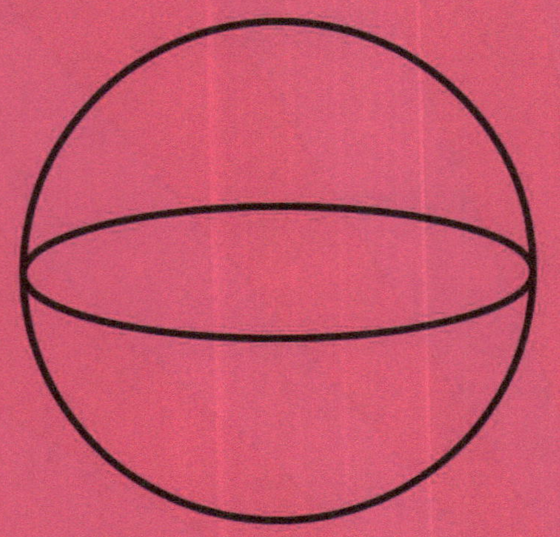

Kugel

sferă

Eiskugel

cupă de înghețată

Perle

perlă

Blase

bulă

Murmeln

biluțe de sticlă

Planet

planetă

Schneeball

bulgăre de zăpadă

Tennisball

minge de tenis

Zylinder

cilindru

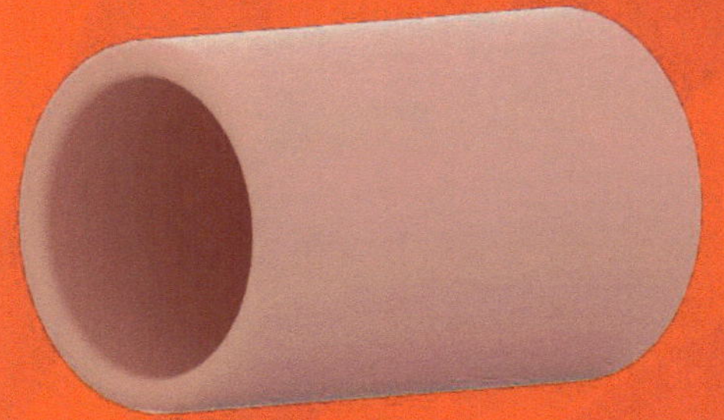

Rohr

tub

Batterien

baterii

Garnspule

bobină de fir

Zimt

scorțișoară

Nudelholz

făcăleț

Wurst

cârnat

Heuballen

balot de fân

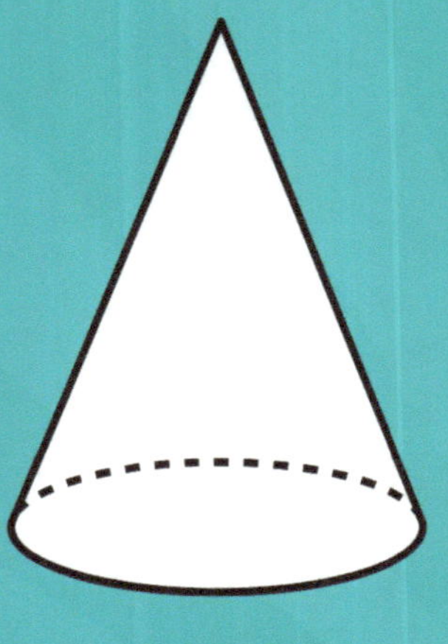

Kegel

con

Verkehrskegel

con rutier

Eiswaffel

con de înghețată

Hexenhut

pălărie de vrăjitoare

Kerker

temniță

Tannenbaum

brad

Partyhut

pălărie de petrecere

Schnecke

melc

Brombeere

mură

Johannisbeere

coacăză

Clementine

clementină

Durian

durian

Drachenfrucht

fructul dragonului

Jackfrucht

jackfruit

Sternfrucht

carambola

Spargel

sparanghel

Radieschen

ridiche

rote Bohne

fasole roșie

Rübe

nap

Maniok

manioc

Süßkartoffel

ignamă

Kichererbsen

năut boabe

Adler

vultur

Fledermaus

liliac

Biber

castor

Flamingo

flamingo

Rabe

corb

Amsel

mierlă

Blaumeise

mierlă albastră

Elster

coțofană

Schwalbe

rândunică

Lerche

ciocârlie

Sittich

papagal mic

Specht

ciocănitoare

Pfau

păun

Papagei

papagal

tukan

tucan

Storch

barză

Koralle

coral

Seeanemone

anemonă de mare

Seeigel

arici de mare

Seepferdchen

căluț de mare

Clownfisch

peşte clovn

Goldfisch

peştişor de aur

Krabbe

crab

Einsiedlerkrebs

crab pustnic

Delfin

delfin

Narwal

nharwhal

Oktopus

caracatiță

Tintenfisch

calamar

Walhai

rechin-balenă

Orca

orcă

Blauwal

balenă albastră

Belugawal

balenă albă

Hammerhai

rechin ciocan

Weißer Hai

rechin alb

Zitronenhai

rechin lămâie

Tigerhai

rechin-tigru

Heuschrecke

lăcustă

Raupe

omidă

Skorpion

scorpion

Eidechse

șopârlă

Dinosaurier

dinozauri

schwarzes Haar

păr negru

rotes Haar

păr roșcat

braunes Haar

păr castaniu

blondes Haar

păr blond

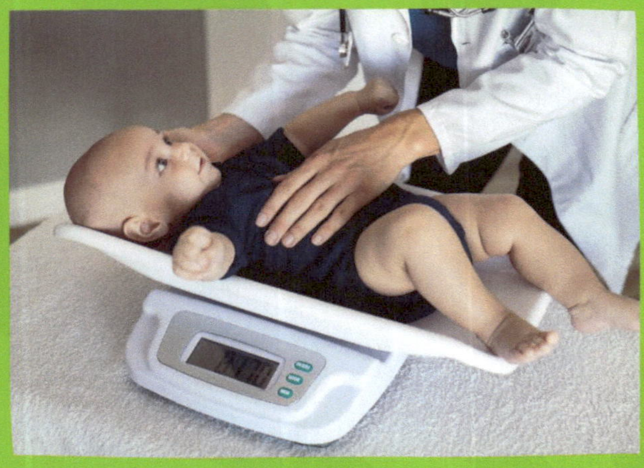

Waage

cântar

Krankenhaus

spital

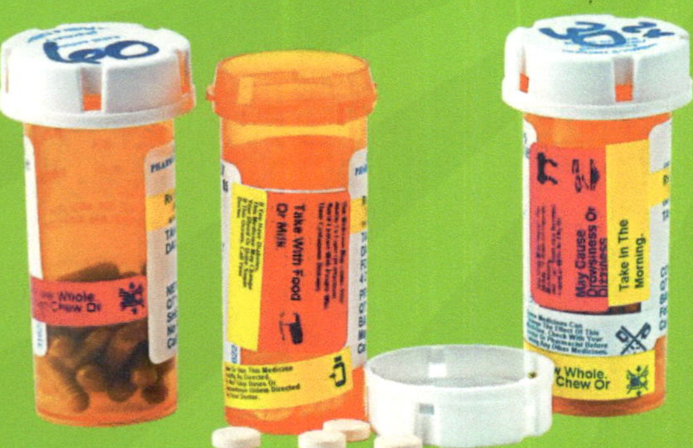

Medizin

medicament

Thermometer

termometru

Verband

pansament

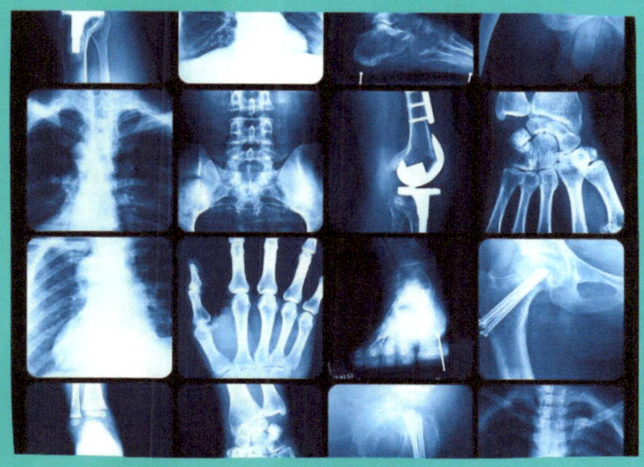

Röntgen

radiografie

Doktor

doctor

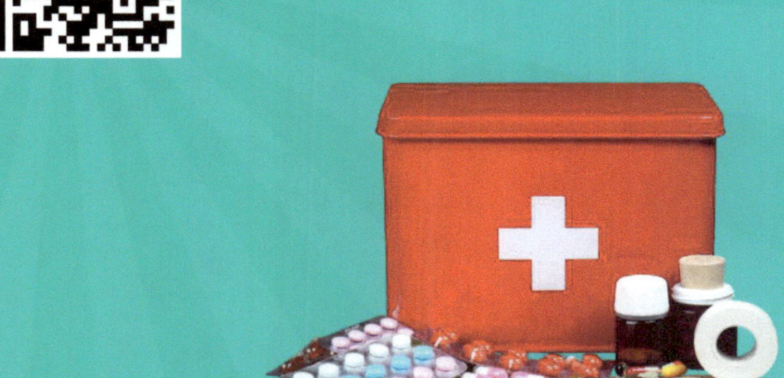

Erste-Hilfe-Kasten

trusă de prim ajutor

spielen

a se juca

zeichnen

a desena

zählen

a număra

schreiben

a scrie

Tanzen

dans

Schwimmen

înot

Skifahren

schi

Basketball

baschet

Tennis

tenis

Tischtennis

ping-pong

Fußball

fotbal

Reiten

echitație

Eishockey

hochei pe gheață

Judo

judo

Boxen

box

Laufen

alergare

Baseball

baseball

Kricket

cricket

Rugby

rugby

Volleyball

volei

Maracas

maracas

Tamburin

tamburină

Xylophon

xilofon

Geige

vioară

Klavier

pian

Gitarre

chitară

Cello

violoncel

Harfe

harpă

Trommel

tobă

Djembe

djembe

Schlagzeug

set de tobe

Trompete

trompetă

Horn

corn

Saxophon

saxofon

Flöte

flaut

Kopfhörer

căști

singen

a cânta

Notenblatt

partituri

Mikrofon

microfon

www.ingramcontent.com/pod-product-compliance
Lightning Source LLC
Chambersburg PA
CBHW042105110726
48006CB00002B/532